Inhaltsverzeichnis

GELD SPAREN:

Vermögen aufbauen -

Schulden abbauen -

Geld sparen und reich werden

TIPPS ZUM ERFOLG!

Von:

Martin Bruggler

Einleitung

Jeder hat es schon mal erlebt.
Und es gibt viele Menschen, die es zu oft erleben
müssen ...

Man geht zur Bank an den Geldautomaten, um sich
über den Kontostand zu informieren. Man steckt die
Kontokarte in den Automaten und ruft die Kontodaten
ab.
Eine Zahl erscheint auf dem Display. Eine Zahl, die
einen die Kinnlade herunterfallen lässt. Man steht da
und der Boden unter einem scheint sich zu öffnen.
Der Kontostand ist im Soll, obwohl man eigentlich fest
davon ausging, er wäre im Haben.
Und nicht nur das: Der Kontostand ist sogar tief im
Soll. Und dabei werden morgen wieder die nächsten
Daueraufträge fällig ...

Man steht plötzlich unter Stress.
Das Geld reicht hinten und vorne nicht. Und was war
dafür verantwortlich?
Auf dem Kontoauszug erscheinen jene
„hinterhältigen" Abbuchungen, die das gesamte
Monats-Budget kaputt machen können.

Ach ja, das war das teure Essen neulich zwischendurch in diesem schicken Restaurant und das „günstige" Sommer-Sakko oder -Kleid im Sonderangebot …

Wem ist das nicht schon mal geschehen? Und man schwört sich, dass einem so etwas nicht nochmal passiert.
Doch es passiert meistens wieder. Und nicht nur einmal. Viele Menschen nehmen sich ständig vor, Geld zu sparen.
In den meisten Fällen funktioniert das sogar:
Eine oder zwei Wochen. Vielleicht mal einen Monat.
Aber dann verfällt man wieder den eingefahrenen Verhaltensweisen, was das Geld-Management betrifft.
Zum einen liegt das daran, dass der Mensch im Regelfall ein „Gewohnheitstier" ist; zum anderen ist natürlich auch die Konsumgesellschaft Schuld, in der keine Gelegenheit verpasst wird, irgendwelche Dinge zu bewerben.
Und Marketing und Werbung werden immer aggressiver.

Viele Menschen sind schlichtweg überfordert oder können nicht die Energie aufbringen, von den Versuchungen der Konsumgesellschaft zu lassen.

Und der Snack nebenbei, der Restaurantbesuch, wenn man abends nicht mehr selbst kochen will oder aber irgendein Kleidungsstück, das man irgendwo im Schaufenster oder in einem Internetshop sieht.
Der Einkauf per Mausklick ist dabei noch viel verführerischer. Und das Kreditkartengeld ist außerhalb unserer Reichweite. Wir spüren es erst mal nicht materiell, wenn wir es ausgeben.

Wie die Praxis es zeigt, braucht man für wirklich erfolgreiches Sparen einen Plan.
Einen „echten" Plan.
Und man muss es richtig satthaben, laufend in Situationen zu geraten, in denen das Geld knapp ist.
Man muss genug davon haben, schon in der Mitte eines Monats anzufangen, den Euro umzudrehen, um bis zum Monatsende mit allen Kosten hinzukommen.
Und außerdem muss man es satthaben, sich nicht etwas wirklich Wichtiges für sich selbst leisten zu können.

Wann war man das letzte Mal wirklich im Urlaub?
Nicht diese Verlegenheits-Reisen für zwei Tage am Wochenende ins Grüne.
Nein.

Wie lange ist er her, der richtige ausgedehnte Urlaub, zwei oder drei Wochen am Stück am Meer oder in den Bergen fernab vom Alltagsstress?

Diese Spirale, in die sich der Nicht-Sparer hinein begibt, führt nach unten. Und letztlich leidet man selbst und der Gesundheit steht's irgendwann auch nicht mehr zum Besten.
Zu viel Arbeit, zu viel Kosten, zu wenig für sich selbst. Am Ende wird man krank. Krank von seinem Lebensstil, krank vom Frust, aus dieser Spirale nicht ausbrechen zu können.

Doch man kann ausbrechen.
Und es ist viel einfacher, als viele Menschen denken.
Es gibt keine großen Barrieren zu überwinden. Man muss sich auch nicht so sehr einschränken, dass man keine Lebensfreude mehr hat.
Im Gegenteil, wer mehr ausgibt, als er einnimmt, verliert an Lebensfreude. In solchen Fällen ist man nur damit beschäftigt, daran zu denken und zu hoffen, dass man über den Monat kommt.
Wenn man dagegen planmäßig spart und dabei an das denkt, was man wirklich braucht, sich minimalistisch einrichtet, wird man diese Abwärtsspirale schnell

verlassen können.

Doch wo anfangen? Wo aufhören?
Natürlich bei sich selbst!
Egal, ob man nur sparen will, um dieses schreckliche
Erlebnis am Geldautomaten nicht mehr haben zu
müssen oder ob man sparen will, um sich am Ende des
Jahres eine längere Auszeit an einem schönen Ort
seiner Wahl gönnen zu können ... man muss immer
bei sich selbst anfangen!
Das bedeutet: Überzeugung.
Man muss wirklich sparen „wollen". Wie heißt es so
schön? „Können kommt nach Wollen". Wer sparen
will, kann sparen.

Natürlich sind damit nicht jene Menschen gemeint,
die ohnehin am Existenzminimum leben und sich
darum nicht weiter einschränken können. Es sind all
jene gemeint, die nicht am Existenzminimum leben,
aber trotzdem wenig Geld haben.

Das erste ist der Sparplan, den man erstellen muss ...
Ohne Sparplan agieren, ist in der heutigen Zeit nahezu
unmöglich.

Dafür sind die Kosten, die man im Regelfall hat, einfach zu unübersichtlich geworden. Und das betrifft bereits einen normalen Single-Haushalt.
Wenn es um Familien-Haushalte geht, wird die ganze Angelegenheit noch um einiges schwieriger. Wenn man allein für seine Finanzen verantwortlich ist, muss man sich auch nur selbst zur Verantwortung ziehen. Wenn allerdings andere Personen und Kinder involviert sind, wird alles weitaus komplizierter.

In jedem Falle ist ein Sparplan vorzusehen. Auch wenn man der Ansicht sein sollte, man bekommt es auch so „irgendwie" hin.

Dieses „Irgendwie" ist schon der erste Schritt in die falsche Richtung. In der Regel klappt das nur eine gewisse Zeit lang, bis man die Spar-Zügel aus der Hand verliert. Und dann kommt die berüchtigte „Egal-Phase", vor der man sich hüten sollte.
Diese Phase bedeutet nichts weiter als die pure Resignation gegenüber seinen Geldausgaben und den täglichen Verführungen der Konsumgesellschaft.
Damit ist das Sparvorhaben geplatzt, bevor es beginnen konnte.

Der Sparplan

Erstellt man einen Sparplan, wird in der Regel bereits sehr deutlich, worauf der notorische Geldmangel zurückzuführen ist. Das Sparziel, das man hat, ist dabei vollkommen unabhängig von der Erstellung eines Sparplans zu betrachten. Doch dazu später. Das Ziel ist der Weg. Hat man außerdem die innere Haltung zum Sparen gewonnen, stellt man das Wollen „vor" das Können, ist der Sparplan der nächste Schritt zu mehr Geld.

Man kann seinen Sparplan ganz „klassisch" auf einem einfachen Blatt DIN-A4 Papier erstellen. Man kann ihn aber auch im PC als Datei einrichten. Doch man kennt es: Mit Computerdateien ist das immer so eine Sache … wahrscheinlich ist die Papier-Variante sogar die bessere von beiden. Man kann sich seinen Plan dann immer gut sichtbar an eine Pinnwand hängen. So hat man sein Sparvorhaben jeden Tag vor Augen.

Die ersten zwei Fragen, die man sich stellt, sind festgelegt.

Sie lauten immer:

1. Was nehme ich ein?
2. Was gebe ich aus?

Damit fällt man mit der Tür ins Haus.
Einnahmen und Ausgaben nebeneinander
aufzustellen, ist für nicht wenige Menschen eine echte
Herausforderung.
Und zwar eine emotionale Herausforderung. Denn
nicht selten will man den Hard Facts seines Lebens
ausweichen. Man verdrängt den Geld-Aspekt gerne
aus seinem Bewusstsein.

Will man sparen, muss man allerdings den Tatsachen
ins Auge blicken!
Jede Einnahme, sei sie auch noch so unbedeutend
oder unregelmäßig, ist aufzulisten. Meistens fällt die
Aufstellung der Einnahmen kürzer aus als die
Aufstellung der Ausgaben.
Wenn man mit seinen Einnahmen durch ist, gehts so
recht ans Eingemachte:
Was gebe ich wofür aus? Um die Fixkosten, wie Miete,
Strom, Heizung, Wohnnebenkosten kommt niemand
herum.

Will man das, muss man vielleicht ausziehen und sich eine neue Wohnung suchen.

Das ist aber heutzutage schon mal aufgrund der angespannten Wohnsituation an vielen Orten keine leicht gangbare Option.

Ist man nicht Single und hat man eine Familie, ist das der Augenblick, wo sich die ersten Auseinandersetzungen anbahnen. Denn niemand gibt gerne zu, Geld für sinnlose oder überflüssige Dinge auszugeben.

Aber es hilft nichts:

Die Ausgaben sind fast noch wichtiger als die Einnahmen, denn sie lassen sich meist kurzfristig einschränken. Natürlich ist es nicht möglich, jeden Cent zu berechnen. Das geht gar nicht, würde auch nur womöglich die Lebensfreude einschränken.

Wenn man trotzdem ein schlechtes Gewissen bekommt, ist es möglich, sich jeden Abend in Ruhe hinzusetzen, und seine Tagesausgaben zu überrechnen.

Das kann man täglich tun. Man kann es aber auch einmal pro Woche, z.B. am Wochenende, einplanen. Der Sonntag eignet sich dafür gut. Dann sind die Arbeitswoche und auch das Wochenende vorüber und man kann bereits für die kommende Woche planen. Natürlich nur, sofern man keinen Monatsplan erstellt hat.

Die Wochenplanung ist wichtig, denn es kann vorkommen, dass unter der Woche „Sonderkosten" anfallen. Es sind also nicht nur Sonderkosten aufzustellen, die vielleicht monatlich oder vierteljährlich anfallen, wie z.B. Unterhaltskosten für Kinder.
Vielleicht muss man kurzfristig eine unerlässliche Anschaffung für die Wohnung machen; vielleicht gibt es etwas zu renovieren oder auszubessern; vielleicht ist es aber auch nur eine kurze Geschäftsreise, bei der Spesen anfallen, die vom Arbeitgeber nicht vergütet werden.
Es gibt in dieser Hinsicht viele „Vielleichts".

Immer aber die Notwendigkeit der Kosten überdenken. Ist diese oder jene Sonderausgabe wirklich notwendig? Geht etwas kaputt, kann man oft kleinere Dinge selbst reparieren.
Dann ist der Klempner mit seiner „saftigen" Rechnung nicht nötig.

Luxusprodukte dürften natürlich niemals unter die Kategorie „Sonderkosten" fallen. Auch sollte man bestimmte Kosten nicht als Sonderkosten aufstellen, die keine sind.

Den Designer-Sommerpullover schafft man sich in der Regel nicht jeden Monat an, trotzdem aber rangieren Dinge, die einem bestimmten Trend oder einer Mode unterliegen, unter „Luxusprodukte", die letztlich zu vermeiden sind.

Genauso wie bei den Einnahmen sollte auch bei den Ausgaben keine größere Position fehlen.

Größere Positionen sind auch immer solche, die regelmäßige Kosten verursachen. Dabei kann die Geldausgabe im Einzelnen relativ gering sein. In der Summe allerdings werden auch aus kleinen Ausgaben schnell größere Positionen.

Um die Fixkosten kommt niemand herum. Darum sollten oben auf dem Sparplan folgende Posten stehen:

- Miete
-
-

- Mietnebenkosten, wie z.B. Heizkostenvorschuss, Müllabfuhr, etc.

-

-

- Stromkosten

-

-

Wohnt man in einer Eigentumswohnung, fällt das monatliche Wohngeld (und Nebenkosten) an.
Nach den drei Hauptposten sollten andere Beträge gelistet werden, wie z.B.:

- Versicherungen (z. B. Hausrat, Rechtsschutz, etc.)

-

-

- Abonnements (z.B. Printausgabe der Tageszeitung, Apps, etc.)

-

-
- Kreditkartenabrechnungen (monatlich)
-
-
- Laufende Kredite
-
-
- Mitgliedschaften (z.B. Fitness-Studio, Vereine)
-
-
- Benzinkosten (sonstige Kosten fürs Auto)
-
-
- Evtl. Kosten für öffentliche Verkehrsmittel (Monatstickets, etc.)
-
-

- Sonstige Wohnkosten (z.B. Renovierungskosten)

-

-

- Lebensmittelkosten

-

-

- Andere Lebenshaltungskosten

-

-

- Bekleidung

-

-

- Freizeitaktivitäten

-

-

- „Sonderkosten" (z.B. Geschäftsreise, Ausflüge mit der Familie)

-

-

Während vielen Menschen bewusst ist, dass besonders
ungekündigte Abos, überflüssige Mitgliedschaften und
natürlich unbedachte Kreditkartenzahlungen
regelrechte „Kostenfresser" sind, fallen die eigenen
Freizeitaktivitäten oft hinten runter.

Man denkt sich oft, „Freizeit würde nichts kosten". Es
ist ja „Frei-Zeit" ...

Doch gerade Freizeitaktivitäten werden immer
kostspieliger.
Was kostet der Nachmittag im Schwimmbad für eine
dreiköpfige Familie inklusive Anfahrt?
Was kostet ein Kinobesuch inklusive Snacks für die
ganze Familie? Usw. usw.

Solche Aktivitäten, auch wenn sie den größten Spaß
machen und zum Leben natürlich dazu gehören, man
muss sich überdenken und überrechnen.
Anstatt in den teuren Themenpark zu gehen, kann
man auch einen Badesee aufsuchen. Oder man macht
eine Wanderung, wenn die nähere Umgebung die
Landschaft hergibt.

Statt meist überteuerte Eintrittsgelder für mehrere Personen zu bezahlen, kann man es sich zu Hause bei einem Spielenachmittag gemütlich machen. Derartige Aktivitäten fördern auch das Zusammenhaltsgefühl in der Familie und im Freundeskreis.

In Ausnahmesituationen, vielleicht am Geburtstag, könnte man solche geldintensiven Freizeitaktivitäten ins Auge fassen. Damit ist bereits indirekt ein Punkt angesprochen, der bei jedem Sparvorhaben nicht zu kurz kommen sollte:
Der persönliche Spaß.

Natürlich kann man behaupten, dass Sparen grundsätzlich keinen Spaß macht. Das trifft dann zu, wenn man sich nicht von innen heraus vorgenommen hat, ein authentischer Sparer zu werden.
Wenn man ein bestimmtes Sparziel hat, ist der Weg das Ziel.

Man kann für viele Dinge sparen: Ein neues Auto, eine Urlaubsreise, etc. Die beste Sparvariante ist immer die, bei der man auch seinen gesamten Lebensstil verändern will.
Das Stichwort lautet „Minimalismus" ...

Nimmt man sich grundsätzlich vor, der Konsum-
gesellschaft zu entkommen, plant man auf lange Sicht.
Das macht das Sparen auch grundsätzlich einfacher.
Wer innerhalb kürzester Zeit eine bestimmte Summe
Geldes ansparen will, setzt sich oft selbst nur unter
Stress.

Das Ziel des Minimalisten ist es also nicht, nur auf ein
Ziel hin zu sparen, sondern „sparsam" zu leben. Das
schließt die gesamte Lebenssituation mit ein.
Ist nicht eine teure Urlaubsreise nach Übersee,
sondern das sparsame Leben selbst das Ziel, lebt man
sein Ziel ... und man hat Spaß dabei.

Denn es ist auch etwas von einem rundum sparsam-
minimalistischen Leben betroffen, an dass viele
Menschen erst mal gar nicht denken:
Die eigene Gesundheit.

Wenn man sich nicht gerade einen langgehegten
Wunsch erfüllen will, ist das nachhaltige Sparen als
Lebenseinstellung immer vorzuziehen. Sich Tag ein
Tag aus krampfhaft davon überzeugen zu müssen,
dass eine bestimmte Sparmaßnahme notwendig sei,
geht nicht lange gut.

Jeder Sparplan sollte alle Einnahmen und Ausgaben beinhalten und so präzise wie möglich geführt werden. Das bedeutet, dass man seinen Sparplan immer aktualisieren muss, wenn neue Kosten, an die man vielleicht nicht dachte, auftauchen.

Bei allem, was man in Hinblick auf seinen Sparplan tut, ist es letztendlich wichtig, zu verhindern, dass es keine Überraschungen gibt.
Überraschungs-Rechnungen können ein Monatsbudget zerstören und einem die Lust am Sparen schnell rauben.
Wenn es schwierig ist, einen Gesamtüberblick über seine Ausgaben zu erhalten, dann ist es vielleicht empfehlenswert, sich einen gewissen finanziellen Spielraum im Monat zu lassen. Das bedeutet, dass man Summe X für derartige Überraschungen parat hält.

Besonders bei Kreditkartenzahlungen wird die Karte häufig nicht bei der Bestellung selbst, sondern erst später (beim Versand) belastet. Somit kann es leicht vorkommen, dass man den Überblick verliert.
Man legt also Summe X zur Seite. Sie ist nicht Teil des Monatsbudgets.

Braucht man diese Summe nicht, flattern keine längst vergessene Kreditkartenabrechnung ins Haus, legt man das Geld ganz einfach als Sparsumme zurück.

Das Thema „Kreditkarte" ist für Sparer überaus wichtig, denn so mancher Einkauf per Karte erweist sich im Nachhinein als unbedacht und überflüssig. Bezahlt werden muss allerdings jede Rechnung.

Wer effektiv sparen will, lässt seine Kreditkarte am besten zu Hause. Sie ist der Inbegriff der modernen Konsumwelt. Überall wo wir hingehen, können wir in der Regel mit der Kreditkarte bezahlen.

Der Konsumzwang wird dabei so überzogen, dass es mittlerweile schon ausreicht, die Plastikkarte nur noch an den Kassen-Scanner zu halten. Den Rest erledigt die Technik.
Man muss nicht betonen, dass eine solche vermeintliche Vereinfachung des Zahlungsvorgangs nicht der Sparsamkeit des Menschen zugutekommen soll. Um nicht verleitet zu werden, sinnlos Plastik-Geld auszugeben, gilt die Sparer-Devise nach Möglichkeit:

- Immer bar bezahlen!

Wenn man neben einem Sparplan auch noch einen effektiven Einkaufsplan entwirft, um seine Lebenshaltungskosten so niedrig wie möglich zu halten, kann man sich ohnehin immer so viel Geld einstecken, wie man braucht.

Wenn man das Geld „mehr oder weniger" abgezählt in der Tasche hat, kann man auch nicht zu Gelegenheitskäufen verführt werden. Eine andere Variante ist es, sich ein wenig Extra-Geld einzustecken, um ein eventuelles Sonderangebot nutzen zu können.
Damit kann man spontan Geld einsparen.

Leider gibt es Dinge, die sich entweder überhaupt nicht oder nur mit sehr viel Mühe und Umstand bar bezahlen lassen.
Muss man ein Bahnticket buchen, bleibt nur die Kreditkarte als Zahlungsmittel. Bezahlt man z.B. im Zug bar, können Aufschläge hinzukommen. Oder aber man muss zum nächsten Service-Punkt der Bahn, um ein Ticket zu kaufen.
Das ist auch nicht immer möglich oder nur mit viel Umständen verbunden. Zudem kostet es Zeit. Und Zeit ist auch Geld.

Für solche Fälle kann man die Kreditkarte einsetzen. Doch es geht im Wesentlichen um die täglichen und wöchentlichen Einkäufe.

Nicht nur, dass das Zahlen per Karte verführerisch ist, man verliert auch leicht den Überblick über das, was man ausgibt. Zum einen, weil die Abrechnungszeiträume recht lang sein können. Außerdem, dass man auch den aktuellen Umrechnungskurs achten muss, können Auslandseinsätze mit der Kreditkarte länger als üblich dauern.

Das hat schon so manchen Sparer verwirrt oder gleichgültig gemacht. Zum anderen aber kann es passieren, man vergisst sogar einen Einkauf mit der Karte.

Darum lieber gleich bar bezahlen. Dann weiß man am Ende des Tages immer, was man in der Kasse hat.

Wenn man keine Kreditkarte verwendet, heißt das aber noch lange nicht, dass man wegen jeder Summe zum Geldautomat laufen soll. Hat man seine Finanzlage in einem Sparplan präzise erfasst, reicht es aus, einmal im Monat zum Geldautomaten zu gehen und Bargeld für den gesamten laufenden Monat abzuheben.

Das spart nicht nur Zeit, manchmal spart es auch Kosten/Gebühren.

Sollte man bemerkten, dass man mit dem Geld nicht hinkommt, besteht die beste Möglichkeit einfach darin, eisern weiter zu sparen. Das kann bedeuten, dass man einmal weniger in den Supermarkt geht. Man kann z.B. auch all jenes kreativ aufbrauchen, was man im Kühlschrank hat. Oft ist bereits das Sparen an einem einzelnen Produkt effektiv.

Hält man es jedenfalls durch, fühlt man sich am Ende des Monats mit Sicherheit wohler in seiner Haut. Denn man hat sein Sparvorhaben erfolgreich durchgeführt. Gleichzeitig findet man darin auch die notwendige Motivation, um weiterzumachen.

Für den effektiven Sparer muss es zu einem Erfolgserlebnis werden, „weniger" Geld auszugeben. Denn das ist genau das Gegenteil von dem, was viele Menschen fühlen, wenn sie sich dem Konsum hingeben.

Sparen bedeutet in erster Linie Kontrolle über sich selbst.

Das wiederum bedeutet, dass man ein Mindset haben muss, denn die Regeln für effektives Sparen bauen aufeinander auf.

Es wäre falsch, sie getrennt voneinander betrachten.

Das effektivste Sparen ist darum eine Lebenseinstellung.

Aber auch wenn dem nicht so ist, muss man natürlich wissen, wofür man eigentlich sparen will. Oft ist es nur so ein Gefühl, „irgendwie" sparen zu „müssen".

Aber es gibt unzählige Gründe.

Meistens sparen Menschen für Dinge wie ein neues Auto oder eine Traumreise. Angesichts negativer Rentenaussichten, hat man in den letzten Jahren aber auch verstärkt begonnen, Geld fürs Alter zurückzulegen.

Man kann vielleicht zwischen drei Arten von Sparern unterscheiden:

- Sparer, die auf ein bestimmtes Ziel hin sparen

-

-

- Sparer, die ein Vermögen ansparen wollen

- ■

- ■

- Sparer, die eine minimalistische Lebensweise für sich erwählt haben

- ■

- ■

Vermögen aufbauen

Vom Sparen auf ein bestimmtes Ziel hin und vom Sparen aus minimalistischen Gründen ist bereits gesprochen worden. Kommen wir nun zu den Sparern, die Geld sparen wollen, um reich zu werden.

Es gibt Menschen, die sich ein Vermögen ansparen wollen.
Was ist aber ein Vermögen?
Was kann man als ein Vermögen bezeichnen?

Vor nicht allzu langer Zeit galt ein Lottogewinn von 500.000 Euro (oder noch D-Mark) als der große Hauptgewinn. Heutzutage, wo es Eurojackpots mit hohen zweistelligen Millionensummen zu gewinnen gibt, scheint eine Summe von 500.000 Euro nicht mehr der Rede wert.

Wenn man allerdings eine Summe von 500.000 Euro von Hand selbst ansparen will, kann man ein Leben lang beschäftigt sein. Insofern ist der Begriff „Vermögen" relativ.

Will man sich also eine Beispielsumme von 50.000 Euro ansparen, ist dies in der Regel auch ein langfristiges Vorhaben. Wer dafür einen Sparplan aufstellen will, muss nicht nur darauf achten, wie man die monatlichen Einnahmen und Ausgaben spareffektiv abwägt, sondern auch, wie man das gesparte Geld effektiv vermehren kann.

Langfristig planen

Genauso wie beim effektiven Sparen sollte man auch im Falle eines beabsichtigten Vermögensaufbaus langfristig denken.

Über Nacht reicht werden, funktioniert nicht!

Für eine langfristige Vermögensplanung bedarf es vornehmlich einer Eigenschaft: Geduld!

Außer in den Fällen, wo man glückliche Anlagen tätigt, macht das Vermögen, dass man sich anspart, keine Sprünge. Es entwickelt sich langsam.

Es ist nicht nur wichtig herauszufinden, was man am Ende des Monats an Geld übrig hat. Es ist noch wichtiger festzulegen, wie viel man davon für die Vermögensbildung verwendet.

Für jemanden, der noch kein eigenes Kapital besitzt und nicht den Fehler begeht, sich für`s Sparen Geld über seinen Dispokredit zu beschaffen, sind bei durchschnittlichem Einkommen von 2500 bis 3500 Euro pro Monat jedenfalls 300–400 Euro Ersparnis pro Monat unter Umständen bereits relativ viel.

Das sind jährlich maximal knapp 5000 Euro. In zehn Jahren hat man 50.000 Euro Vermögenssumme zusammen.

Voraussetzung dabei ist aber, dass die gesamte Monatsersparnis auf ein Spar- oder Depotkonto wandert. Das Geld sollte Zinserträge (wenn es auch nicht viel ist derzeit) generieren, die dann ihrerseits wieder gespart werden. So vermehrt sich das gesparte Geld.

Die Realität der Vermögensbildung hat sich allerdings in den letzten Jahren zum allgemeinen Nachteil der Sparer verändert.
Das bedeutet, dass heutzutage sogenanntes „Tagesgeld" kaum noch echte Pluszinsen abwirft.
Im Gegenteil, oft werden die Zinserträge für Depotkosten oder andere versteckte Kostenfresser aufgebraucht. Dadurch sollte man sich als Sparer aber nicht von seinem eigentlichen Sparvorhaben abbringen lassen.

Es ist darum immer realistischer, nur mit der Summe zu rechnen, die man de facto auch einspart. Wenn das realistische Sparziel von 50.000 Euro aufgrund einer positiven Zinsentwicklung schneller erreicht ist als geplant, umso besser.

Größere Sparguthaben, teilweise ab 100.000 Euro, werden sogar teilweise schon mit Strafzinsen belegt.

Diese Maßnahmen seitens der Banken sollen den unbedachten Sparer in die Kostenfallen treiben.
Wer davon profitiert, ist im Regelfalle immer nur die Bank.

Aber auch davon sollte man sich nicht vom Sparen abhalten lassen.

Um effektiv sparen zu können, sollte der Sparplan auch alle Kosten für laufende Kredite enthalten. Falls Kredite abgezahlt werden, ist es wichtig zu wissen, wann diese Kredite abgezahlt sein werden. Das frei werdende Geld kann in die weitere Vermögensbildung gesteckt werden.

Auf alle Fälle muss sich der Sparer darüber im Klaren sein, dass das Vorhaben der Vermögensbildung harte Arbeit bedeutet. Dazu gehört …

Disziplin

Für den ernsthaften Sparer ist es unerlässlich, die eigene Sparrate immer weiter zu verbessern. Die „Sparrate" ist der Betrag, den man z.B. monatlich zum Vermögensaufbau einsetzen kann.

Um sich selbst zu disziplinieren, ist es möglich, einen Dauerauftrag bei der Bank einzurichten. Dann wandert eine festgelegte Summe nach Eingang des Monatsgehaltes direkt auf ein Sparkonto.
So hat man das Sparen gewissermaßen automatisiert.

Man kann natürlich das Geld auch selbst regelmäßig einzahlen. Doch dabei könnte man seine Disziplin verlieren. Um das auszuschließen, ist es am besten, das Geld gleich per Dauerauftrag aus dem Verkehr zu ziehen.
Außerdem hat das den Vorteil, dass man sofort von Beginn des Monats an mit weniger Geld auskommen muss. Das Abheben vom Sparkonto ist zudem ein Vorgang, vor dem man sich in der Regel scheuen würde.

Gelingt es, die Sparrate zu steigern, kann man die Sparsumme erhöhen. Das kann man sich z.B. als halbjähriges Ziel setzen. Man hat dann zusätzlich einen Ansporn effektiv weiter zu sparen.

Fachwissen

Reichtum hat auch etwas mit Fachwissen zu tun.
Auch wenn man sich anfänglich vorkommt wie in
einem „falschen Film", auf Dauer gesehen zahlen sich
Fachkenntnisse immer aus.

Das ist besonders wichtig, wenn man sein Geld nicht
nur einfach auf einem Sparkonto parkt, sondern
aktiver am Geldmarktgeschehen teilnehmen will.
Darum sollte man jede Gelegenheit nutzen, die
finanzielle Bildung zu erweitern.
Dazu kann man heute natürlich das Internet nutzen.
Online-Ratgeber, Insider-Berichte, Börsianer-Blogs,
etc.
Oder man verfolgt einfach nur die Wirtschafts-
nachrichten.

In der Regel stellt man schon nach einer Weile fest,
dass man sich auf ein gewisses Gebiet der
Finanzmarktprodukte spezialisiert.
Vielleicht interessiert man sich für Aktien, vielleicht
für Anleihen. Die Auswahl ist relativ groß.
Fachwissen ist auch wichtig, wenn man bei seiner
Hausbank Informationen über günstige Anlageformen

einholt. Man sollte in solchen Fällen immer selbst ausreichend informiert sein.

Zu glauben, der nette Bankangestellte wird einem schon das beste Produkt anbieten, ist naiv.

Banken wollen am Kunden verdienen.

Das ist alles.

Zinseszinseffekt

Man kann zum Zinseszins als Geldmarktmechanismus stehen wie man will, wenn man sparen will, ist es eines der hilfreichsten Mittel, die zur Verfügung stehen!

Legt man Zinserträge auf Erspartes wieder an bzw. reinvestiert man sie, erhöht man damit den ursprünglichen Anlagebetrag. Das kann bei steigender Anlagesumme nach einer Weile bedeuten, dass die Bank einen besseren Zinssatz anbieten kann.

Auf alle Fälle ist der Zinseszinseffekt ein Mittel, um Guthaben anwachsen zu lassen.

Größere Gewinne erwirtschaften mit anderen Worten wieder größere Gewinne. Das ist die Geldwachstums-Spirale, durch die Vermögen entstehen.

Jedoch niemals Kredite aufnehmen um die Geldwachstums-Spirale in Gang zu halten!

Einkommensströme

Wenn es machbar ist, sollte man als Sparer mehrere Einkommensströme haben.

Somit ist man vor allem vor einem Komplettausfall beim Sparen geschützt. Es kann z.B. sein, dass man einen Job annimmt, der weniger Geld im Monat bringt.

Das bedeutet wiederum, dass man sein Sparvorhaben abändern oder sogar aussetzen muss.

Besonders vorteilhaft ist das sogenannte „passive Einkommen", das unabhängig vom Arbeitsaufwand generiert wird. Man setzt einmalig Geld ein und profitiert von einem anhaltenden Einkommensstrom.

Dazu kann man z.B. in sogenannte „Indexfonds" (ETF) investieren. Aber auch durch gezieltes Crowdinvesting in Immobilien bietet sich die Möglichkeit zur Generierung passiver Geldströme.

Investieren statt sparen

Das mag widersprüchlich klingen:
Auf der einen Seite will man sparen, auf der anderen
Seite gibt man Geld aus, indem man investiert.
Doch Investieren bedeutet Geld ausgeben zugunsten
des eigenen Vermögensaufbaus. Spart man, legt man
Geld zur Seite, um sich davon zu einem späteren
Zeitpunkt etwas zu leisten.
Investiert man, bedeutet es, Geld umzuschichten.

Das Ziel dabei ist klar vorgegeben:
Am Investitionshorizont soll mehr Geld als zuvor
stehen. Investiert man, bringt man das Geld für eine
Zeit lang wieder in den Geldkreislauf ein.

Man lässt das Geld arbeiten. Dabei kann man
Sachwerte erwerben. Das können Immobilien,
Kunstwerke, Oldtimer, etc. sein, die nach Ablauf einer
gewissen Zeit mehr Geld einbringen als sie kosteten.

Doch man sollte sich vorher genau erkundigen. Im
Falle von Immobilien z.B. gibt es eine sogenannte
„Spekulationssteuer".
Sie besagt, dass man innerhalb eines bestimmten

Zeitraumes Immobilien nicht erwerben und wieder veräußern kann, ohne darauf eine Sondersteuer zu bezahlen. Diese Steuer ist in der Regel so hoch, dass Immobilienkäufe zwecks der Spekulation nicht lohnenswert sind.

Keine „schlechten" Schulden!

Egal, was man vorhat, Schulden machen ist im Regelfalle immer Gift!
Jedes sinnvolle nachhaltige Investieren sollte grundsätzlich ohne Verschuldung vonstattengehen. Aber auch ein konsequentes Entschulden vor dem Investieren ist anzuraten.
Ausnahmen sind sogenannte „Investitionsschulden". Das bedeutet, dass man einen Kredit aufnimmt, um eine größere Investition zu tätigen. Das muss allerdings genau durchdacht sein. In den meisten Fällen jedoch lohnt es sich unter dem Strich nicht.

Unbedingt zu vermeiden sind auch sogenannte „negative Zinseszinsen" bei Bankkrediten.

Die Devise lautet also: Egal wie reizvoll eine Investition auch sein sollte, niemals Konsumschulden machen.

Auf das Einkommen fokussieren

Es ist wichtig, wenn man sich bei der Umsetzung seines Sparvorhabens nicht auf das Geld selbst konzentriert. Auch ist es abzuraten, sich ständig Kontoauszüge seines Sparkontos zu ziehen, um den Überblick zu behalten.
Wenn man anlegt, arbeitet das Geld von ganz allein.

Stattdessen sollte man sich immer darum bemühen, weiteres Einkommen zu generieren. Der Job steht so im Vordergrund. Es ist nur empfehlenswert, immer 100 Prozent zu geben, anstatt sich auf die faule Haut zu legen.
Beim langfristigen Investieren besteht die Erfolgsformel darin, intelligente Anlagen zu tätigen und dann das Geld in Ruhe zu lassen.

Die Zeit sollte man z.B. auch nutzen, um sich selbst weiterzubilden. Aber auch die persönliche Entwicklung darf nicht zu kurz kommen.

Auch hier gilt ein gewissermaßen „ganzheitlicher"
Ansatz, bei dem mehrere Aspekte gleichzeitig
berücksichtigt werden.

Wenn man sich selbst und nicht das Geld, das man
spart, in den Fokus nimmt, entdeckt man auch seine
kreativen Potenziale. Und wer weiß, vielleicht entdeckt
man ja die ideale Geldsparmethode.

Vielleicht aber auch eine neue Geschäftsidee, die einen
neuen Einkommensstrom generiert, aus dem wieder
Geld in dein Depot fließen kann.

Den Börsenkursen hinter fiebern bringt nur Stress mit
sich. Dein Gehirn ist dann nur noch mit
Wirtschaftszahlen beschäftigt, was dich behindert.

Eine gute Idee kann auf diese Weise unentdeckt
vorbeigehen.

Risikobereitschaft

Natürlich könnte man behaupten, dass jemand, der
sich ein Vermögen noch aufbauen will, risikobereiter
als andere sein muss. „Spekulieren", d.h. auf unsichere
unorthodoxe Anlageprodukte setzen, birgt immer
Gefahren.

Selbst für Großinvestoren und Multi-Millionäre. Nur, dass diese Anleger Verluste besser wegstecken können.

Wichtig ist die Langfristigkeit. Wer konsequent investiert und dabei auch nicht von tagespolitisch verursachten Kursschwankungen zurückschreckt, kann im Schnitt immer noch eine recht gute Rendite einfahren.

Der Deutsche Aktienindex z.B. hat in den letzten Jahrzehnten durchschnittlich 8 % Rendite pro Jahr gemacht. Das ist ein guter Wert.

Aktien bieten gleich zwei Einnahme-Möglichkeiten: Zum einen verdient man Geld an steigende Aktienkursen. Zum anderen profitiert man von der Dividende, d.h. der jährlichen Gewinnausschüttung, des jeweiligen börsengelisteten Unternehmens.

Aber es ist auch Vorsicht geboten:
Kauft man ausländische Aktien, muss man auch immer den Umtauschkurs der jeweiligen Währung im Auge halten. Oft wird ein Aktiengewinn durch den Umtauschkurs nämlich gewaltig geschmälert.

Grundsätzlich gilt:

Je mehr Aktien an den Börsen gehandelt werden, desto mehr können sie auch unter Druck geraten. Sie machen also das Auf und Ab an den Börsen mit.

Wenn man konservativ sparen will und langfristig plant, sollte man sich besser auf Unternehmen konzentrieren, die weniger gehandelt werden. Diese sollten aber auf alle Fälle stabil sein.

Darüber kann man sich aber informieren.

Das Gegenteil von Aktienanlagen ist das Eigenheim. Zwar bietet diese Anlage eine gewisse Sicherheit, doch das investierte Geld ist für sehr lange Zeit gebunden. Man kann es darum für einen Vermögensaufbau nicht weiter nutzen.

Notfallkonto

Alles auf eine Kappe setzen, ist natürlich risikoreich.
Darum sollte man, sofern es der Sparplan hergibt, ein
Notfallkonto einrichten. Es sollte z.B. mit drei bis
sechs Nettogehältern bestückt sein. Falls eine Anlage
fehlschlägt, kann man zur Not immer auf dieses Geld
zurückgreifen.

Eigenverantwortung

Man sollte sein Sparvorhaben und seine Investitionen
immer in die eigene Hand nehmen. Und sie auch in
der eigenen Hand behalten.
Niemals die Verantwortung abgeben.

Wenn man über eine Bank Aktien ersteht, bezieht man
diese Aktien selbstverständlich über die Bank. Sofern
man nicht selbst im Börsenhandelsgeschäft tätig ist,
muss man auch die Bankprovisionen zahlen.
Daran kommt man nicht vorbei.
Doch man sollte sich niemals die Zügel aus der Hand
nehmen lassen.

Gern werden Anlageberater oder Manager vermittelt, die Depots verwalten. Doch das kostet einen gewaltigen Verwaltungsaufwand. Auch sind manche Fondsgesellschaften nur schlecht gegen Verluste versichert.

Es gibt eine Menge schwarzer Schafe, die gerne mit dem Geld anderer spekulieren, selbst aber nicht nur schwer oder überhaupt nicht haftbar gemacht werden können.

Außerdem denken Finanzberater meistens nur an ihren eigenen Vorteil und ihre Provisionen.

Wenn man Hilfe benötigt, kann man sich einen sogenannten „Honorarberater" nehmen. Dieser kostet Geld, ist aber ein unabhängiger Berater, der zudem nur nach Stunden und nicht nach Erfolg bezahlt wird.

Intelligente Schulden machen?

Von Schulden ist immer abzuraten.
Das wurde bereits weiter oben mehrfach festgestellt.
So passen Reichtum und Schulden auf den ersten Blick auch nicht zusammen.

Aber es gibt eine Art von Schulden, die beim zweiten Hinsehen doch sinnvoll sein können. Wenn man sich z.B. für einen Zinssatz von 3 % Geld leiht und damit 10 % Rendite erwirtschaften kann, haben sich die Schulden gelohnt.

Will man Aktien kaufen, lohnen sich solche „guten" Schulden oft nicht. Denn die Finanzmärkte sind sehr volatil. Außerdem generieren die Aktien keine monatlichen Erträge, mit denen man die Schulden zurückzahlen könnte.

Wenn es um Immobilien geht, lohnen sich solche „guten" Schulden schon mehr. Denn wer z.B. an einer Immobilie beteiligt ist, erhält einen monatlichen Cashflow in Form von Mieteinnahmen.
Außerdem steigen die meisten Immobilien fast immer im Wert, eignen sich also als langfristige Investition.

Der Nachteil bei Immobilien ist allerdings der, dass man ein hohes Anfangskapitel benötigt, um in den Genuss von Renditen zu kommen.
Wenn man also bereits über ein gewisses Grundkapital verfügt und noch mehr dazu sparen will, könnten sich

„gute" Schulden in dieser Hinsicht lohnen.

Verhaltensmuster

Reiche Menschen zeichnen sich oft durch bestimmte
Verhaltensmuster, Fähigkeiten und Sozialstrukturen
aus. Man hat die Möglichkeit, seine Persönlichkeit so
zu entwickeln oder zu verändern, dass es einfacher
wird, ein Vermögen aufzubauen.
Das bedeutet nicht, dass man zu einem Betrüger oder
Kriminellen werden soll. Ein ausgeprägter
Kommunikationssinn oder auch Ehrgeiz sind bei dem
Vorhaben, ein Vermögen aufzubauen, sehr hilfreich.

Auch ist es sehr hilfreich, sich mit erfolgreichen
Menschen zu umgeben.
Aber was bedeutet das?

Es ist leider wahr:
Umgibt man sich mit Menschen, die nur dem
Standardweg folgen, mit sich und der Welt ständig
unzufrieden sind, überall nur das Negative sehen,
immer anderen die Schuld an ihrer Misere geben, wird
man es schwer haben, erfolgreich zu sein.

Ein solches negatives Energiefeld sollte man auf alle Fälle, sofern es möglich ist, verlassen.

Fängt man an zu sparen und es kommt zu Weltanschauungskonflikten mit den besten Freunden, führt einen das nicht weiter. Das tut weder dem Sparer, noch den anderen, die ihn belächeln mögen, gut.

Wenn man dagegen von innen heraus agiert, den festen Willen hat, ein Vermögen aufzubauen, wird man auch im Laufe der Zeit andere Menschen kennenlernen. Man kann auch den Kontakt zu solchen Menschen suchen.

So kann man z.B. Vorträge oder Seminare besuchen, um andere Menschen mit einem Fachbezug kennenzulernen.

In sich selbst investieren

Das, was gerade oben angeführt worden ist, fällt in die Kategorie „Selbstinvestition".

Reich werden durch die persönlichen Leistungen, Erfolge und kreativen Potenziale. Das bedeutet auch Zufriedenheit im Leben und Zufriedenheit mit dem

Leben.

Das Ausbauen der eigenen Fähigkeit und des eigenen Wissensstandes ist immer vorteilhaft. Um erfolgreich Vermögen anzusparen, muss man auch mit sich selbst erfolgreich umgehen.

Dabei geht es vor allem um Zeit. Man muss seine Zeit nutzen, um sich weiterzubilden. Vielleicht sollte dann das Fitness-Studio einmal ausfallen. Stattdessen kann man ein Weiterbildungs-Seminar besuchen, denn man ist sich selbst immer das größte Kapital.

Mehrere Standbeine aufbauen

Natürlich sind ein sicherer Job und ein ausreichendes Einkommen die Grundlage für einen effektiven Sparplan und eine effektive Vermögensbildung.

Doch es ist nicht unwichtig auch darüber nachzudenken, inwiefern man sich ein weiteres Standbein zulegt, um seinen Sparplan noch effektiver durchführen zu können.

Ein Zweitjob kann eine Möglichkeit sein.

Es könnte aber auch sinnvoll sein, sich mit seinen Fähigkeiten selbständig zu machen.

Auf alle Fälle sollte aber der Hauptjob als Fundament vorhanden bleiben. Falls es um zusätzlichen Zeitaufwand und Stress gehen sollte, muss man sich darüber im Klaren sein, dass der Aufbau eines Vermögens genau das von einem fordert.

Wer mehr als andere haben will, muss sich notfalls auch mehr als andere anstrengen.

Angst und Gier beherrschen

Wenn man erfolgreich sparen will, muss man diese zwei Emotionen beherrschen können. Man darf keine Angst haben sein Geld zu verlieren, wenn man es anlegt. Angst macht gefügig.

Bei der nächsten Gelegenheit lässt man sich ein vermeintliches bombensicheres Finanzmarktprodukt aufschwatzen ... und verliert am Ende. Angst lässt einen die Selbstkontrolle verlieren.

Und genau diese Selbstkontrolle braucht man, um erfolgreich Geld anzulegen und zu sparen.

Alles muss in den eigenen Händen liegen.

Dass Gier noch schlimmer ist als Angst, darüber könnte man ganze Bände schreiben. Gier führt schnell und unweigerlich in den finanziellen Ruin.

Immer mehr und mehr haben wollen, bringt sehr oft das genaue Gegenteil ein.

Wenn man mit seinen Anlagen Gewinne erzielt, sollte man sich darüber freuen. Gier verleitet nur zu schnellen unüberlegten Aktivitäten, die in der Finanzwelt sofort „desaströs" enden können.

Die Spekulationen mit Kryptowährungen ist ein aktuelles Beispiel. Hier werden Millionenrenditen in wenigen Wochen versprochen ... für den, der gierig genug ist. Für den überlegten, zurückhaltenden Anleger sind dies Spiele mit dem Feuer.

Die Börse ist zum größten Teil reine Psychologie. Es gibt jene, die sogar behaupten, die Finanzwelt sei eine Welt des Glaubens.

Und das ist nicht falsch. Kurse werden nicht selten aufgrund psychologischer Beweggründe festgelegt. Nicht jeder kann sich von heute auf morgen Nerven wie Stahlseile zulegen und emotionslos durch die Welt laufen. Doch man kann versuchen, zumindest diese beiden gefährlichen Emotionen Angst und Gier zu beherrschen.

Am besten ist es, wenn einem die Finanzmärkte und die Kurse egal sind.

Ähnlich einer positiven Affirmation muss man sich sagen: „Es ist mir egal, ob ich Geld gewinne oder verliere. Beim nächsten Mal geht es wieder bergauf."

Sparen im Alltag

Investieren und Vermögen aufbauen ist natürlich nur eine Seite eines effektiv aufgestellten Sparplans. Die andere Seite des Sparvorhabens betrifft den Alltag und all jene Kosten, die man in seinem unmittelbaren Lebenskontext einsparen kann.

Jeder Alltag sieht anders aus. Aber es gibt natürlich Dinge, die jeden Menschen in der heutigen Konsumgesellschaft betreffen. Es gibt also Kostenfallen, in die fast jeder fällt oder schon mal gefallen ist.
Nachstehend eine Auswahl aus Beispielen, die aufzeigen, wo man wie effektiv Geld sparen kann:

1. Haushalt

LED-Lampen anstelle von Halogen & Co. verwenden.
Im Vergleich zu einer Halogenbirne verbraucht eine
LED-Lampe etwa 80-85 % weniger Energie. Zwar sind
LED-Produkte in der Regel teurer, doch sie halten
auch viel länger und sind im Verbrauch preiswerter.
Bei den heutigen Strompreiserhöhungen ist das eine
Position, die im Sparplan berücksichtigt werden sollte.

Hat man Kühl- und Gefrierschrank getrennt in der
Küche, die zudem auch nur halb aufgefüllt sind, macht
das wenig Sinn. Lieber ein Kombi-Gerät kaufen. Trotz
ihres vergleichsweise geringeren Inhalts verbrauchen
Einzelgeräte in der Regel die volle Strommenge.

Für die Heizkostenabrechnung ist es empfehlenswert,
die Fenster der Wohnung drei- bis viermal täglich für
jeweils zehn Minuten ganz zu öffnen. Wer Kippfenster
hat und diese dauerhaft offen hält, arbeitet einem
sinnvollem Lüften entgegen.
Also besser Stoß- statt Dauerlüften.

Im Internet-Zeitalter ist es möglich geworden, alle
möglichen Preise und Angebote zu vergleichen.

Besonders im Falle des Strom- und Gasanbieters macht das viel Sinn. Die Preise sind sehr volatil und das Wechseln der Anbieter kann viel Geld einsparen. Darum gilt es, die Anbieter regelmäßig zu vergleichen. Nicht selten liegen die Einsparungen bei 300–500 Euro im Jahr.

Es ist natürlich wichtig, Stromfresser in der Wohnung zu entlarven. Alle Geräte sollten darum auf ihren wirklichen Stromverbrauch überprüft werden. Dafür macht es Sinn, sich ein Strommessgerät zu kaufen oder sich ein solches kostenlos auszuleihen.

Beim Kochen sollte man es sich angewöhnen, immer mit Deckeln zu arbeiten. Kocht man ohne Deckel, entweicht die Energie in Form von Wasserdampf und Wärme.
Zudem dauert das Kochen länger als mit Decke.
Benutzt man Pfannen, gilt es, auch die Pfannen abzudecken.
Den Herd selbst kann man abschalten, bevor man mit dem Kochen fertig ist. Denn stellt man die Herdplatte aus, strahlt sie weiterhin Wärme ab.
Diese Restwärme kann man für das Zubereiten nutzen.

Dasselbe gilt für den Ofen. Wenn man gekochtes Wasser benötigt, ist es besser, dieses in einem Wasserkocher zu erhitzen. Die Einsparungen liegen bei einer kleinen Menge von 1,5 Litern Wasser bereits um 4–9 Cent.

Man kann natürlich auch auf das Kochen ganz verzichten und frische Lebensmittel zu sich nehmen. Manche Gemüse lassen sich als Rohkost verzehren. Salate benötigen kein Kochen und sind auch schneller zubereitet.

Bei steigenden Wasserkosten kann es sinnvoll sein, das anfallende Geschirr in der Spülmaschine zu reinigen und nicht mit der Hand abzuwaschen. Wenn man eine Geschirrspülmaschine benutzt, immer zuerst voll beladen und dann anschalten. Was für das Geschirr gilt, ist auch bei der Waschmaschinen-benutzung zu beachten.

Mehr Hitze bedeutet mehr Energieverbrauch. Wäsche sollte darum nur bei 30 oder 40 Grad Celsius gewaschen werden. Nur stark verschwitzte Kleidungsstücke oder Socken und Bettwäsche sollten aus Hygienegründen bei 60 Grad Celsius gereinigt werden.

Dann ist es wichtig, dass man die Heizkörper in der Wohnung nicht verstellt. Stellt man etwas davor, verhindert man, dass die Wärme richtig abgestrahlt werden kann. Achtet man darauf, kann man oft auf hohe Heizstufen verzichten.

So spart man Heizkosten.

Im Winter ist es anzuraten, die Heizung niemals komplett auszuschalten. Auch wenn man länger nicht zu Hause ist, sollte man die Heizung etwas an lassen. Andernfalls kühlen die Räume aus und man muss anschließend alles wieder warm bekommen.

Außerdem tritt man der Schimmelbildung entgegen, wenn man die Heizung laufen lässt.

Man muss aber nicht auf höchster Stufe heizen. Auch im Winter nicht. Dafür kann man sich lieber einen dickeren Pullover überziehen.

Geräte, die auch im Stand-by-Modus funktionieren wie z.B. Fernsehgeräte, sollten ausgeschaltet werden.

Das sind echte Stromfresser.

Lieber alle technischen Geräte immer ganz ausschalten.

Auch sollte man in der Regel eine Dusche dem Baden vorziehen. Natürlich sind die entspannenden Effekte eines Bades nicht durch Duschen zu erreichen.
Trotzdem sind die Kosten für eine kurze Dusche, die eigentlich meistens ausreicht, viel geringer.

Wenn man im Haushalt Probleme bekommt, weil z.B. irgendetwas kaputtgeht, kann man sich auf Do-it-Yourself-Portalen im Internet Hilfe holen.
Der teure Handwerker muss nicht gleich gerufen werden.

2. Einkaufen

Beim Einkaufen lässt sich viel Geld sparen, wenn man mit Bedacht vorgeht und nicht „chaotisch" und nach Lust und Laune einkauft. Eine Planung ist auch hierbei wichtig.
Darum sollte man z.B. eine Einkaufsliste schreiben, wo nur die Dinge draufstehen, die man auch wirklich braucht. Wenn man sich daran hält und sich nicht verführen lässt, kann man auf diese Weise viel Geld sparen.
Die 10-Minuten-Regel hat sich im Supermarkt bewährt.

Sie gibt vor, dass man bei Spontankäufen etwa zehn Minuten über den Einkauf nachdenken soll, bevor man ihn tätigt.

Wenn das Produkt wirklich unverzichtbar ist, kann man es kaufen. Das, was bei Spontankäufen klappt, ist auch bei größeren Einkäufen empfehlenswert.

Nur sind es dann nicht zehn Minuten, sondern 30 Tage. Das ist die Zeit, die man sich geben sollte, um über den geplanten größeren Einkauf nachzudenken.

Wenn es möglich ist, sollte man versuchen, immer ohne Hungergefühl einzukaufen. Also immer nach dem Essen einkaufen gehen. Niemals hungrig in den Supermarkt.

Natürlich aber immer Sonderangebote nutzen, auch wenn sie nicht auf der Einkaufsliste stehen. Immer flexibel bleiben, was das betrifft. Wenn es sich um unverderbliche Produkte handelt, kann man sich was auf Vorrat einkaufen. Nudeln oder Reis z.B. eignen sich sehr gut für die Vorratskammer.

Auf Konserven sollte man verzichten, wenn man sich vorgenommen hat, möglichst nur Frisches zu sich zu nehmen.

Bei frischer, abgepackter Ware mit Verfallsdatum muss man im Einzelfalle entscheiden. Viele Produkte halten sich bekanntlich lange über das angegebene Haltbarkeitsdatum hinaus.

Es steht außer Frage, dass es wichtig ist, sich auf saisonale und regionale Produkte zu fokussieren. Das betrifft Obst oder Gemüse, aber auch Fleisch aus regionaler Tierhaltung.

Regionale Produkte sind oft auch günstiger und schmecken aufgrund des ausgebliebenen Transports aus dem Ausland oft auch sehr viel besser.

Anstatt sich teures Mineralwasser zu kaufen, ist es in den Sommermonaten ratsam, mehr Leitungswasser zu trinken. Oft hat das Leitungswasser fast die Qualität eines Mineralwassers.

Das Frühstück ist natürlich zu Hause einzunehmen, auch wenn die Verlockung zum Bäcker zu gehen und sich was Leckeres zu kaufen, groß sein sollte.

Außerdem zählt Bäckerware heute nicht unbedingt zu den gesündesten Lebensmitteln. Viele Produkte sind übersüßt oder bestehen aus minderwertigen Teigarten.

Für die Mittagspause im Job lohnt es sich, alles, was man benötigt, zuhause zuzubereiten. Das können belegte Brötchen oder Brote sein. Das kann aber auch etwas Vorgekochtes sein (Meal Prep).
Die Kantine oder der Snackautomat sollte tabu sein. Nicht nur wegen des Geldes, auch wegen der Produkte. Auch hier herrscht König „Zucker" über seine Produkte.

Für den Haushalt sollte man es sich zur Regel machen, nur hochwertige Geräte zu kaufen. Zwar steht das im Widerspruch zur Sparregel, doch im Falle von Energieeffizienz und Haltbarkeit sollten keine Abstriche gemacht werden. Diese Investitionen lohnen sich, da sie langfristig angelegtes Geld sind.

In vielen Shops gibt es heute sogenannte „Vorteilskarten", die kostenlos sind. Hat man eine solche Karte, kann man von regelmäßigen Rabatten profitieren.
Auch gibt es „Kundenkarten" für all jene, die häufig über eine bestimmte Summe einkaufen.
Das sollte man auch nutzen. Aber auch an Online-Cashback-Portale ist zu denken.

Über diese Plattformen erhält man als Kunde für jeden einzelnen Einkauf einen bestimmten Prozentsatz der ausgegebenen Summe zurück.

Die Debatte läuft schon seit geraumer Zeit:
Was ist besser, Discounter oder Supermarkt?
Produktvergleiche sind zu keinem eindeutigen Ergebnis gekommen.
Darum sollte man häufiger beim Discounter einkaufen. Gerade, was Hygieneartikel betrifft, sind Discounter erheblich preiswerter als Supermärkte.
Dass es für jemanden, der nach Sparplan lebt, nicht unbedingt Designer-Kleidung sein muss, ist klar.

Man muss aber nicht unbedingt darauf verzichten. Es gibt Designermode in Outlet-Stores. Einige Artikel haben zwar unauffällige Makel oder stammen aus älteren Kollektionen, aber das sollte einen überzeugten Sparer nicht daran hindern, solche Angebote zu nutzen.

Ob es sich um Kleidung oder Lebensmittel handelt, der Blick sollte auch auf sogenannte „Bück- und Streckware" gerichtet sein.

Das sind Artikel, die man in Geschäften entweder ganz unter oder ganz oben im Regel findet.

Es bietet sich natürlich an, den Sparplan so zu erstellen, dass man auch seine wöchentlichen Maximalausgaben bezeichnet. Das heißt, man legt fest, wie viel man pro Woche maximal ausgeben will.
Ein Beispiel:

- max. 50 Euro für Nahrungsmittel
-
- max. 20 Euro für Getränke
-

Wenn man einen Monatsplan mit Maximalkosten aufstellt, könnte man listen:

- max. 200 Euro für Nahrungsmittel
-
-

- max. 80 Euro für Getränke

-

-

- max. 150 Euro für Freizeit-Events

-

-

3. Autokosten

Das Auto kann Unsummen verschlingen.

Das fängt z.B. bei der günstigsten Uhrzeit fürs Tanken an. Tests haben ergeben, dass die niedrigsten Benzinpreise am späten Nachmittag und frühen Abend zu erwarten sind

In z.B. Österreich aber vormittags, meistens kurz vor 12 Uhr, da nur um 12 Uhr mittags die Preise erhöht werden dürfen, die übrige Zeit nur gesenkt werden dürfen, das ist also ein wichtiger Unterschied zu Deutschland, besonders zu beachten natürlich in Grenzähe.

Morgens, wenn jeder zur Arbeit fährt, sind sie mit am höchsten (in Deutschland).

Das sind manchmal bis zu 10 Cent, die man für einen Liter mehr bezahlen muss. Wenn man also immer am Abend, am besten zwischen 18.00 – 20.00 Uhr tankt, spart man Geld. Wenn man seinen Fahrradius kennt, sollte man einmal pro Woche zur richtigen Zeit tanken fahren.

Das spart auch Zeit.

Der Wochentag scheint bei den Preisunterschieden dagegen keine Rolle zu spielen. Dank der Technik ist es heute möglich, Tankstellenpreise via Online-App zu vergleichen. So kann man sich die billigste Tankstelle aussuchen, bei der man sein wöchentliches Tanken erledigt.

Auf alle Fälle gilt auch:

Tanken zu Beginn der Ferienzeit vermeiden. Denn gerade zur Ferienzeit steigen die Benzinpreise stark an. Am besten ist es, bereits eine Woche vor Ferienbeginn ausreichend zu tanken.

Alles, was nicht in den Tank geht, kann man, sofern eine Garage vorhanden ist, in Benzinkanistern aufbewahren.

Auch ist der Reifendruck zu beachten.

Ein zu geringer Reifendruck erhöht nämlich nachweislich den Benzinverbrauch um bis zu 10 %.
Aber auch der Luftfilter ist zu berücksichtigen:
Wird dieser regelmäßig gereinigt und auch ab und zu ersetzt, kann der Verbrauch um bis zu sieben Prozent gesenkt werden.

Wenn man das Auto stehen lässt, spart man natürlich oft am meisten und am Effektivsten. In der Großstadt bieten sich öffentliche Verkehrsmittel an.
Man kann sein Auto so z.B. nur für bestimmte Dinge verwenden: Großeinkäufe, Ausflüge, Reisen.

Aber wer mit Bahn oder Bus fährt, spart nicht nur Benzin. Man „spart" auch Nerven. Wohnt man in einer Kleinstadt, in der der öffentliche Verkehr nicht so flächendeckend vorhanden ist, bietet sich das Fahrrad an.
Außerdem ist Fahrradfahren für Fitness und Gesundheit empfehlenswert.

Man kann auch Geld einsparen, wenn man auf die berühmten „Kurzfahrten" verzichtet. Viele Menschen benutzen das Auto bereits, um weniger hundert Meter zurückzulegen. Auch sollte man immer daran denken, wofür man eine Kurzfahrt unternimmt.

Fährt man mit dem Auto, um nur einen Termin wahrzunehmen? Dann lohnt es sich nicht. Wenn man einen halben Tag lang unterwegs sein muss, ist das Auto natürlich immer die bessere Option. Es ist darum immer besser, mehrere Termine oder Erledigungen an einem Tag zusammenzulegen.
Richtig einteilen ist da sehr wichtig und kostensparend!

Aber man muss sich auch die Frage stellen:
Ist das Auto wirklich nötig? Ist es vielleicht möglich, die geplanten Fahrten in Zukunft mit einem Leihwagen von Carsharing-Firmen zu erledigen? Das ist für all jene gut, die das Auto nicht beruflich und sonst auch eigentlich nur sehr selten nutzen.

4. Geld sparen mit Anlagen und Steuern

Vom Vermögensaufbau war weiter oben bereits die Rede. Da sich die Höhe der Zinsen auf Tagesgeld-, Festgeld- oder Sparkonten sehr schnell ändert, ist es ratsam, die Leistungen der Bank regelmäßig zu überprüfen.
Falls eine Bank Zinsen verringert, sollte man an einen Wechsel nachdenken.

Man kann aber auch online sparen:
Weil den Banken keine Kosten für Personal, etc.
anfallen, werden Online-Sparkonten im Regelfalle
sogar höher verzinst. Besser als Sparkonten sind die
klassischen Festgeldkonten.
Jedoch sind die Zinssätze auch hier oft sehr gering,
weil Banken ihre Kunden oft in spekulative Anlagen
drängen wollen, für die sie höhere Provisionen
kassieren können.

Ein anderer Trick, Geld zu sparen, ist ein sehr alter.
Dazu wirft man die Centstücke, die man fast täglich im
Portemonnaie hat, in eine Dose. Das sollte man nach
jedem Einkauf machen. Im Monat können auf diese
Weise 30–40 Euro zusammenkommen.

Wenn man Versicherungen hat, ist es angebracht,
auch hier öfter Vergleiche heranzuziehen. Der
Abschluss einer Versicherung oder ein
Versicherungswechsel sind im Internet-Zeitalter kein
Problem mehr. Das, was für Versicherungen aller Art
gilt, ist auch z.B. auf Bausparverträge anzuwenden.

Auch ist der geliebte Dispokredit unbedingt zu
vermeiden.

Das ist weiter oben bereits geraten worden. Statt
Dispokredit bietet es sich an, einen sogenannten
„Rahmenkredit" zu beantragen.
Ein solcher Kredit funktioniert eigentlich wie ein
Dispokredit, ist nur bedeutend preiswerter, was die
Soll-Zinsen betrifft.

Es hängt natürlich von der individuellen
Lebenssituation und vom Beruf ab, aber man sollte
alles, was nur irgendwie geht, steuerlich absetzen.

Hierbei gilt: Kleinvieh macht auch Mist.
Hier Beispiele für Dinge, die steuerlich absetzbar sind
und bei der nächsten Steuererklärung geltend gemacht
werden können:

- Spenden
-
-
- Abos von Fachmagazinen
-
-

- Fachbücher

-

-

- Computer, wenn man Home Office arbeitet

-

-

- Steuerberatungen

-

-

5. Freizeit

Wenn man einen Sparplan entwirft, sollte man sich auch darüber klar werden, was man für Freizeit- aktivitäten ausgibt.
Ist die Mitgliedschaft in diesem oder jenem Verein wirklich nötig? Wo lässt sich Geld einsparen? Das ist bereits oben erwähnt worden.

Man kann aber auch bei Dingen Geld sparen, an die man vielleicht nicht sofort denkt:

Warum z.B. überteuerte Geschenke kaufen? Es gibt andere Optionen. Wenn man seine eigene Kreativität einsetzt, kann man ebenfalls kostbare Geschenke herstellen.
Die Ideen dazu kann man sich problemlos aus dem Internet holen.

Die meisten Menschen denken sofort ans „Ausgehen", wenn es um Events mit Freunden oder Berufskollegen geht. Die eigenen vier Wände werden meistens ausgespart.
Warum eigentlich?
Zumal, wenn Alkohol im Spiel ist, bietet sich eine Homeparty sehr gut an. Wenn man nach dem BYO-Prinzip eine Party ausrichtet, kommen alle Beteiligten zudem weitaus günstiger davon.
Der Besuch in Bar oder Club ist immer kostspieliger. Aber auch ein Kochabend mit guten Freunden ist wohltuend für das Portemonnaie als auch sehr gut für die Freundschaft. Natürlich macht auch ein Videoabend mit alten Filmen großen Spaß oder aber ein Abend mit Gesellschaftsspielen, bei denen man zudem noch gesellig sein kann.
Einfach mal kreativ sein und sich was überlegen!

Das Wort Alkohol ist bereits gefallen. Natürlich kann man Geld einsparen, wenn man sich seiner Laster entledigt. Dafür braucht man nicht auf das Glas Wein am Abend verzichten.
Aber muss es immer die teuerste Sorte sein?

Dass Rauchen schädlich ist, weiß eigentlich jeder. Trotzdem geben viele Menschen noch immer ein halbes Vermögen für Zigaretten aus.
Egal, um welches Laster es sich handelt, man sollte zumindest versuchen es einzuschränken.

Wenn man vom Fitness-Virus erfasst worden ist, kann das auch ein Laster sein. Ein teures Fitness-Studio mit seinen Animationsangeboten ist nicht unbedingt notwendig.
Man kann sich vornehmen, die Geräte, die man unbedingt braucht, selbst anzuschaffen. Man kann bestimmte Übungen auch zu Hause erledigen. Dafür gibt es zahlreiche Anleitungen im Internet.

Dabei wird man merken, dass man sich auch hier minimalistisch verhalten kann. Das Laufband kann jedoch das Erlebnis in der Natur nicht ersetzen.

Darum ist die Option, raus in die Natur zu gehen und sich dort körperlich zu betätigen, die bessere Option. Außerdem spart man noch in anderer Hinsicht Geld. Nicht selten verführen Fitness-Studios ihre Gäste mit angeschlossener Bar-Gastronomie zu überflüssigem Konsum nach dem Sport.

Will man verreisen, ist es angebracht, immer auf Frühbucherrabatte oder Last-Minute-Angebote zu achten. Auch wenn ein Last-Minute-Angebot nicht das Traumziel betrifft, so lässt sich der Urlaub dennoch preiswerter angehen.

All-Inclusive-Angebote bei der Buchung von Hotels sind besonders beliebt. Man muss aber wissen, dass es sich dabei nicht immer um die beste Verpflegung handelt. Darauf ist zu achten.

Am besten, man holt diese Informationen über ein Hotel ein, bevor man es bucht, Erfahrungsberichte sind da oft sehr hilfreich.

Natürlich gibt es Menschen, die immer etwas zu bemängeln haben. Merkt man aber, dass es eine gewisse Deckungsgleichheit in den Erfahrungsberichten gibt, sollte man diese berücksichtigen.

Es ist natürlich auch möglich, sich seine Reise
alternativ selbst zusammenzustellen.
Pauschallösungen sind nicht immer die billigsten.
Allerdings muss man immer darauf achten, wo man
hin will. Eine Reise nach China ist als Pauschalreise
vermutlich immer noch billiger.
Will man aber z.B. innerhalb Deutschlands verreisen,
ist es vielleicht besser, nicht das Flugzeug zu
besteigen. Mitfahrzentralen sind auch eine Option, um
günstig an seinen Urlaubsort zu gelangen.

Je nach beruflicher Verpflichtung kann man seine
Freizeitaktivitäten vielleicht nicht immer optimal
planen. Das betrifft auch den Kinobesuch. In der Regel
ist das Kino unter der Woche preiswerter als am
Wochenende, wo die Kinos überfüllt sind. Das kann
aber auch andere Aktivitäten, wie z.B. Museums- oder
Theaterbesuche, betreffen.
Es ist immer ratsam, sich vorab zu informieren, wann
man etwas billiger bekommen kann.

Doch lebt man z.B. minimalistisch, gehört es dazu,
seine Freizeitaktivitäten auf ihren Mehrwert zu
überprüfen. Man fragt sich also immer, ob diese oder
jene Aktivität wirklich notwendig ist.

Warum? Muss es überhaupt Kino & Co. sein? Es gibt zahlreiche günstige und kostenlose Varianten, wie man mit sich selbst oder mit Freunden oder Familie einen schönen ausgefüllten Tag verbringen kann. Man kann wandern gehen, einen Ausflug mit dem Fahrrad oder auch ein Picknick im Wald machen.

Für viele Menschen lautet die Devise:
Raus aus der Stadt. Doch kaum haben sie die Stadt verlassen, lassen sie sich in einem typischen Ausflugsrestaurant nieder. Dort geben sie das Geld, das sie eigentlich sparen wollten, für (manchmal) preislich überhöhte und qualitativ oft minderwertige Speisen aus. Der Rucksack ist eine Möglichkeit, dem zu entkommen.
Wer seine Speisen selbst zubereitet, einpackt und mit ins Grüne nimmt, schlägt zwei Fliegen mit einer Klappe: Man ist in der Natur und hat seine Nahrung auch noch selbst zubereitet.
So funktioniert das Energie-Tanken gleich viel besser und authentischer.

Auf alle Fälle sollte man in der Freizeit das Shopping-Event vermeiden. Viele Menschen treffen sich zum Shopping, degradieren ihre kostbare Freizeit zu einem

überflüssigen, kostspieligen Konsumerlebnis.
Zudem ist es kontraproduktiv, denn die Freizeit dient
der Erholung und Regeneration. Ist man sich seiner
eigenen Kreativität bewusst, eröffnen sich viele
Optionen für eine sinnvolle und vor allem kostenlose
Freizeitgestaltung.

Fazit

Nach so vielen Tipps und Vorschlägen zum Thema
„Geld sparen" mag sich so mancher kopfschüttelnd
fragen, ob das nicht auch alles einfacher gehen kann.

Zugegeben, auf den ersten Blick mag die Erstellung
eines Sparplans, die Veränderung von
Verhaltensmustern in Alltag angefangen vom
Frühstück bis zum Abendprogramm, verwirrend sein.

Der Schlüssel zu erfolgreichem Sparen liegt im
Mindset.
Er liegt in der Einstellung, die man zum Sparen
einnimmt. Normalerweise will jeder Mensch sparen,
doch wenn es dann an die Einzelheiten geht, schreckt
man leicht zurück.

Das liegt daran, dass solche Menschen nur von außen
ans Sparen gehen. Nicht von innen.

Will man nur aus äußerlichen Gründen sparen,
bekommt man den „Geist des Sparens" nicht zu
greifen. Man spart hier und da, aber so richtig wird
das nie was: Man kommt nicht auf den sogenannten
grünen Zweig.
Der „Geist des Sparens" entzieht sich der
Beherrschung!

Der zweite Fehler ist, dass viele Menschen das Sparen
als eine isolierte Aktivität fehleinschätzen. Sie sparen
hier oder da, aber nicht wirklich überall. Wie ein
Sparplan mit den Einnahmen und Ausgaben beginnt,
bauen auch die Sparmaßnahmen, die man ergreift,
aufeinander auf.
Und dabei ist es erstmal egal, warum man sparen will.
Ob das Sparziel groß oder eher klein ist, alle
Maßnahmen zur Durchführung eines Sparplans sind
miteinander verzahnt.
Sparen ist wie ein Räderwerk. Ein Rad greift ins
andere. Ein Rad bewegt das andere. Und dabei kommt
es auch die Größe des Rades nicht unbedingt an.

Oft sind es die kleinen Rädchen, die wichtiger sind als die großen.

Was ist so ein kleines Rädchen im Sparplan-Werk? Morgens eine halbe Stunde früher aufstehen, um nicht das Auto zum Job nehmen zu müssen, sondern den Bus. Und dafür muss man pünktlich sein.
Das zuckersüße Plunderstück beim Bäcker bleibt anderen vorbehalten. Man selbst hat sich den Pausensnack mit viel Obst für die Mittagszeit schon selbst zubereitet.
Im Rucksack findet sich auch eine große Flasche Leitungswasser. Damit ist man nicht genötigt, sich unterwegs eine teure Flasche Mineralwasser zu kaufen oder sich etwas aus dem Getränkeautomaten ziehen zu müssen. Man kann sich aber auch Tee oder Kaffee in einer Warmhalteflasche mitnehmen.

Das sind einige Beispiele für kleine Rädchen mit großer Wirkung.

Was sind große Räder im individuellen Sparplan-Werk?
Man kommt nachmittags oder am frühen Abend nach Hause, setzt sich an den Computer und eröffnet im Internet ein günstiges Online-Sparkonto.

Vorher sucht man sich ebenfalls im Internet die Bank
mit den aktuell besten Konditionen heraus.

Kleine und große Räder:
Früher aufstehen, um den Bus zu kriegen und
nachmittags ein Sparkonto eröffnen.

Obwohl es sich um verschiedene Aktivitäten handelt,
wirken sie zusammen. Sie sind verzahnt in dem Ziel,
das darin besteht, Geld zu sparen. Hat man dieses
Mindset, diese Spar-Haltung verinnerlicht, gibt es
auch kein Klein oder Groß mehr.
Alles ist dem Ziel, erfolgreich ein Vermögen
aufzubauen unterworfen.
Man wird dann nach einer Weile auch verstehen, dass
die großen Zahnräder des Sparplans-Werks gerade
eher jene sind, die im Alltag gar nicht mehr „groß"
auffallen.
Denn die erste Devise des Sparers lautet, dass das
Geld, das man zurücklegt und für sich arbeiten lässt,
in Ruhe gelassen werden soll. Man ruft nicht jeden
Tag seinen Kontostand über Internet-Banking auf.
Das Sparkonto arbeitet für sich (und Dich)!

In der Zwischenzeit kümmert man sich darum, sein
Sparvorhaben immer optimaler zu gestalten. Man
findet immer mehr Tricks heraus, wie man Geld
sparen kann, indem man überflüssige Kosten
vermeidet ... im Haushalt, beim Einkaufen, in der
Freizeit.

Und man wird einen weiteren positiven Effekt
bemerken:

Bei alledem, was man für seine vermögensbildenden
Sparmaßnahmen tut, wird man immer
minimalistischer. Man hat immer weniger Ansprüche.
Das Sparziel wird automatisch zum Sparweg.
Dabei erfährt man tagtäglich, dass man durch sein
verändertes Konsumverhalten immer entspannter,
immer lockerer wird.
Während andere freiwillig in jede erdenkliche
Konsumfalle tappen, bleibt man selbst auf seinem
Weg. Und man wird belohnt ... mit einem echten
Luxusgut in der heutigen Welt: **Zeit.**

Weil man das richtige Mindset hat und Sparen nicht
nur auf Geld bezieht, hat man plötzlich mehr Zeit für
sich selbst.

Und diese Zeit kann man investieren:
In sich selbst. Damit ist nicht nur eine gesunde
Freizeitgestaltung gemeint, sondern auch die private
freiwillige Fort- und Weiterbildung.
Man kann Vorträge besuchen, Seminare buchen, um
mehr Kenntnisse über sinnvolle nachhaltige
Geldanlagen zu erlangen. Was man so in sich selbst
investiert, investiert man auch wieder in sein
Sparvorhaben.

Ein echter positiver Sparkreislauf ist entstanden, in
dem der Sparer selbst eine privilegierte Position
einnimmt: Er ist in jeder Hinsicht der Profiteur.

Als Fazit kann man sagen:
Geld sparen ist einfacher als gedacht!
Auch in unserer Konsumgesellschaft, in der alles
immer mehr auf Konsum ausgerichtet wird, ist Sparen
eigentlich keine schwere Aufgabe. Die meisten
Menschen sind allerdings nicht konsequent genug.
Und sie stehen nicht genug zu ihrem Vorhaben.

Wenn Sparen zu einer Nebenbeschäftigung wird, der
man nach Belieben nachgehen kann, wird es schnell
schiefgehen mit der Vermögensbildung.

Sparen und auch vermögensbildende Maßnahmen sollten die Normalität darstellen.

Luxus dagegen sollte immer die absolute Ausnahme sein.

Strategisch vorzugehen und einen Sparplan zusammen mit einem Haushaltsbuch aufzustellen, ist der erste Schritt. Wenn man zudem noch minimalistisch leben will, kann man seine Sparpläne natürlich erheblich potenzieren. Bei allem, was man vorhat, sollte immer das Portemonnaie entlastet werden.

Doch es besteht die Gefahr, dass man zu viel von sich abverlangt. Dann treten bestimmte Emotionen auf: Angst und Gier, die nicht nur Menschen kennen, die an der Börse arbeiten. Die Angst, zu versagen, hat viel damit zu tun, was man sich vornimmt.

Man sollte deshalb also in sich hineinhorchen, bevor man sich ein finanzielles Sparziel setzt.

Die Konsumgesellschaft generiert Gier, weil Gier der Impuls zu immer mehr Konsum ist. Ein Sparer sollte darum auch immer sein Verhältnis zur Konsumgesellschaft hinterfragen.

Denn gierige Sparer sind wie gierige Konsumenten, nur dass sie anders genannt werden.

Das Ablegen eingefahrener Verhaltensmuster braucht Zeit und Geduld.
Nichts übereilen. Schon gar nicht, wenn es um Geldanlagen geht. Es ist darum nicht möglich, von heute auf morgen ein perfekter Sparer zu werden.

Trotzdem ist Sparen einfacher als angenommen!

Schlusswort

Liebe Leser!

Vielen Dank für das Herunterladen und Lesen dieses Buches.
Ich hoffe, dass die darin enthaltenen Informationen, Anleitungen und die verschiedenen Tipps Sie dazu animieren, in Zukunft auch zum Sparen anzufangen und sich damit ein (kleines oder größeres) Vermögen aufbauen können!
Und natürlich hoffe ich sehr, dass Ihnen mit Hilfe dieses Buches ein glücklicheres, stressfreieres und sorgenloseres Leben gelingt.

Ich wünsche Ihnen das Allerbeste für die Zukunft!

Martin Bruggler

PS: Wenn Sie zufrieden sind mit diesem Buch würde ich mich über eine positive Rezension sehr freuen! Danke!

IMPRESSUM

www.ingramcontent.com/pod-product-compliance
Lightning Source LLC
Chambersburg PA
CBHW022127170526
45157CB00004B/1784